让孩子从国宝里
读懂中国史

写给青少年的
青铜器档案

孙建华 著

天地出版社
TIANDI PRESS

推荐序

幸得"写给青少年的国宝档案"这套书,读来颇为喜悦。这喜悦一方面是看到这套专门为青少年读者所做的图书顺利完成,另一方面是觉得这套书很有新意。毕竟对于现在的青少年来说,光有知识分享还不够,还要有真正有趣的内容才能吸引他们。

现在的青少年面对的诱惑实在是太多了,相比于游戏,书本的吸引力显然是不足的。如何让孩子们少玩游戏多读书呢?为这事,不仅家长们头疼,多年从事图书策划的编辑们也颇为头疼。要为青少年做书,不仅要先靠选题内容过孩子父母那一关,更要靠优质内容吸引青少年主动去阅读。

这套"写给青少年的国宝档案"在选题方面是很好的,它以"国宝"为总领,将青铜器、玉器、陶器、瓷器、金器、银器、古画、书法、碑刻、古籍都囊括其中,内容丰富自不必多说,还条理清晰,很适合青少年阅读。所以从这一角度来看,这套图书是很符合父母为孩子选购图书的需求的。

选题之外,这套书在内容框架上也有很多出彩的地方。由于每一册图书所选定的国宝分类不同,细分板块也会有所不同:在介绍青铜器国宝时,除了基本的档案信息,还有对国宝铸造工艺的介绍;在介绍玉器国宝时,除了对其选材造型的介绍,还有对其文化价值的介绍；古画、书法等也是如此，不单单局限于国宝本身，而是将知识内容扩展到更为广阔的范围，这对于青少年的知识扩充和思维发散都是很有帮助的。

做历史科普类图书，最重要的是对历史知识准确的把握，不能出现一丝一毫的偏差。书中的每一处文字都是经过细致考究、反复核对的，这便保证了这套图书的准确性和严谨性，虽说这是做图书的根本，但能做到如此优秀也是很不容易的。

很高兴能够提前读到这套"写给青少年的国宝档案"，简单翻阅之后，又细致看了一些内容，这套书确实是很值得推荐的历史科普类图书。希望现在的青少年能够多阅读这类图书，多了解中华优秀传统文化，多丰富自己的知识和阅历，做优秀传统文化的传承者和弘扬者！

中国人民大学历史系教授 何黎萍

序　言

在5000年甚至是更为漫长的中华历史长河中，埋藏着许许多多珍贵的文物国宝，这些国宝不仅自身具有极高的艺术价值，而且还含蕴着那个时代的文化特质。国宝之所以为国宝，并不因其价值连城，只因其身上镌刻着数千年来中华文化的印迹。

当今的青少年成长在互联网高速发展的时代，文化的价值让步于经济，这种潜移默化的影响虽然在当下还不明显，但在未来十年、二十年，甚至是更长的时间中，必然会显现。为了进一步发挥中华优秀传统文化的价值，不断提升当代青少年的文化素养、道德水平，近几年来我国出台了许多政策，要求在全社会广泛学习和传播中华优秀传统文化。

中华优秀传统文化的内涵十分广博，我们很难用特定的语言为其圈定范围，所以在介绍、宣传中华优秀传统文化时，不能宽泛地说"我们要传承中华优秀传统文化，我们要学好中华优秀传统文化"，而是要从具体之处入手，从一个或几个方面去阐述、去介绍中华优秀传统文化。

我认为"国宝"便是一个很好的方面，那些度过了漫长时光直到今天依然留存的"国宝"可以说是中华优秀传统文化最杰出的代表。所以，我打算以介绍"国宝档案"的形式，来为当代青少年讲述一些中华优秀传统文化的内容,正因如此,才有了这套"写给青少年的国宝档案"图书。

本套图书是专为青少年读者策划的国宝知识大百科,包括《写给青少年的青铜器档案》《写给青少年的玉器档案》《写给青少年的陶瓷器档案》《写给青少年的金银器档案》《写给青少年的古画档案》《写给青少年的书法·碑刻·古籍档案》六册内容。

本套图书在框架设计上,从各类国宝的基础简介出发,细致介绍了发现国宝的经过、国宝背后的故事,最后以国宝的艺术及文化价值收尾,内容丰富、条理分明,为读者完整讲述了与国宝相关的人、事、物。透过本套图书,青少年读者既可以了解有趣的国宝故事,又能感受中华优秀传统文化的魅力以及中华文明的博大精深。

中华文明源远流长,那些巧夺天工的文物国宝是中华文明长河中的闪烁繁星,它们背后是深厚的历史文化积淀和中华民族精神。希望这套"写给青少年的国宝档案",能够为当代青少年打开学习中华优秀传统文化知识的大门,帮助他们更好地了解中华优秀传统文化,感悟中华民族精神。

目 录

远古遗址里的"外星人"
青铜纵目面具 / 008

刻有神秘铭文的国之重器
后母戊鼎 / 014

商代最大的方尊历险记
四羊青铜方尊 / 020

河南博物院的"猫头鹰"
妇好鸮尊 / 026

铭文最长的古代青铜器
毛公鼎 / 032

刘铭传后人护宝捐宝传奇
"虢季子白"青铜盘 / 038

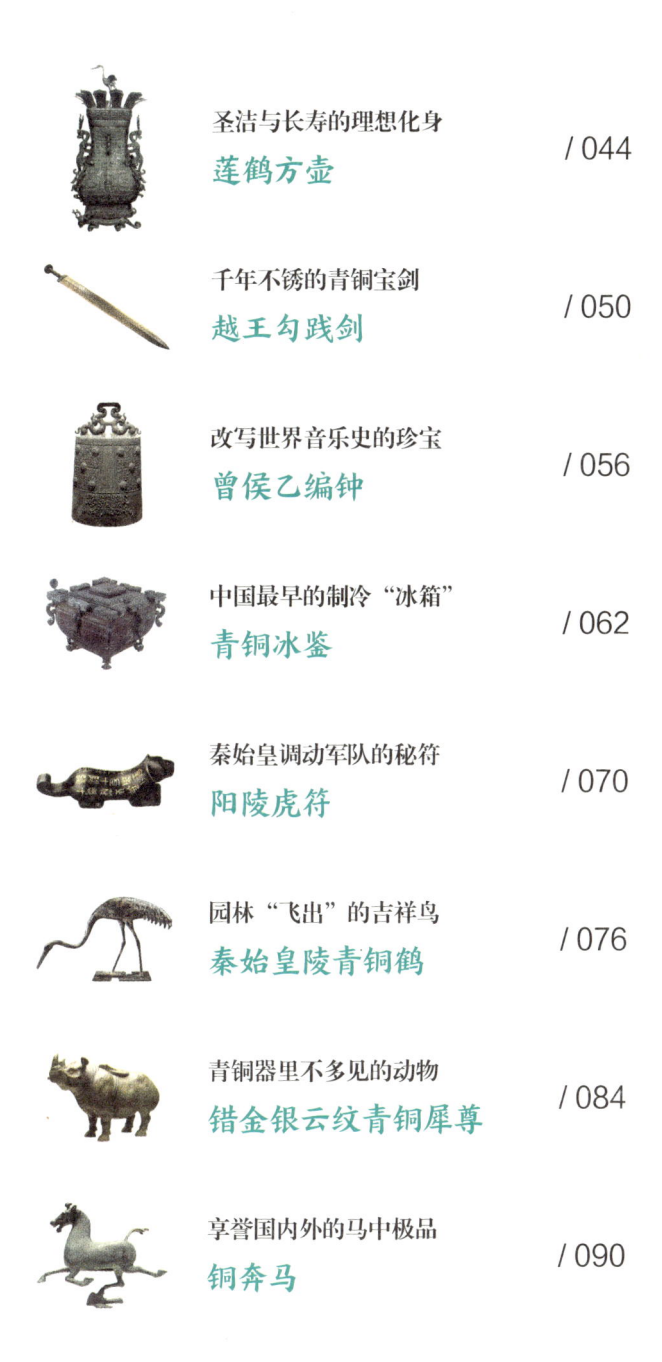

圣洁与长寿的理想化身
莲鹤方壶 / 044

千年不锈的青铜宝剑
越王勾践剑 / 050

改写世界音乐史的珍宝
曾侯乙编钟 / 056

中国最早的制冷"冰箱"
青铜冰鉴 / 062

秦始皇调动军队的秘符
阳陵虎符 / 070

园林"飞出"的吉祥鸟
秦始皇陵青铜鹤 / 076

青铜器里不多见的动物
错金银云纹青铜犀尊 / 084

享誉国内外的马中极品
铜奔马 / 090

远古遗址里的"外星人"
青铜纵目面具

国宝档案

国宝年代：商代

规格：宽138厘米，高66厘米

出土年代及地点：1986年出土于四川省广汉县（今广汉市）三星堆遗址

收藏场所：三星堆博物馆

国宝出土

1929年春天，四川省广汉县南兴镇月亮湾的一位村民在自家门前不远的地方挖水沟时，发现了一个玉石坑，里面有400多件玉器。他悄悄将这些玉器藏在家中，等了将近一年的时间，才拿出了一些送人。

这些慢慢流落到古董市场上的玉器，引起了华西大学（今四川大学）博物馆考古人员的注意。一番探查后，考古人员找到了这些玉器的源头。1934年春天,考古队在那位村民发现的玉石坑附近进行了发掘,出土了600多件玉、石、陶器等文物。就这样,震惊世界的三星堆遗址被发现。由于当时社会正处在不稳定时期,考古人员便没对三星堆遗址进行深入发掘。

新中国成立后,国家开始对三星堆遗址重新进行勘探。20世纪80年代,文物部门对三星堆进行了大规模的发掘,发现了三星堆1号、2号祭祀坑,出土了人像、神坛、神树等造型各异的青铜器,以及面具、权杖等制作精美的金箔制品。

在三星堆出土的大量文物中,有一件青铜器给考古人员留下

◀商 青铜纵目面具

神奇的青铜纵目面具既有人的特点,又有神鬼式的夸张,显示出浓郁的图腾、神灵意味。

▲ 清 袁耀 《蜀栈行旅图》

此图描绘了蜀山秋景秀峰危岭。蜀道之雄险、奇幽也激发了蜀文化,迸发了很多超现实主义思想,三星堆青铜纵目面具就是其典型代表。

了深刻的印象，它造型奇特，五官极尽夸张，让人一看就觉得非常震撼。那么这件青铜器是什么呢？它就是青铜纵目面具！

先进工艺

三星堆遗址的发现为人们揭开了古蜀文明的神秘面纱，青铜纵目面具被人们亲切地称为"千里眼""顺风耳"。

这件青铜纵目面具造型独特，眉尖向上挑，双眼斜长，最夸张的就是那两个眼球，呈柱状向前纵凸的样式，凸出的长度达16厘米。双耳向两侧充分张开，两只耳朵最远端之间的距离长达138厘米。鼻梁较短，鼻翼像牛鼻子那样向上内卷着。口阔而深，口缝深长上扬，像是微微露出舌尖，且神秘微笑的样子。

在青铜纵目面具的额部正中间有一个方孔，这个方孔是用来做什么的呢？原来，与这件青铜纵目面具一同出土的还有两件造型相同、体型较小的青铜器，其中一件的额部正中还嵌铸着夔龙形额饰，所以考古学者推测这个方孔可能就是用来补铸额饰的。可以想象，装配上夔龙形额饰之后，这件青铜纵目面具必会更添几分威严与高贵之气。

天神还是人中至尊

青铜纵目面具以其超现实主义的独特造型，使得整个青铜造像都显得威风凛凛、庄严霸气，给人以强烈的震慑感。看着它的形象，人们难免会产生疑惑，它代表的是天神还是人中至尊呢？尤其是它那夸张的双眼和双耳，难道不是视通万里、耳听八方的特殊神力的象征吗？

古文献中曾经记载了蜀人的始祖蚕丛的形象，其最为显著的特征就是纵目。除了他，在我国的上古神话中还有一个人面蛇身、掌管天地明暗的天神烛龙，它的特征也是纵目。因此考古学者猜测青铜纵目面具的铸造很有可能跟古典文献中蚕丛和烛龙的形象有关。

目前，对此种说法持有不同观点的人非常多，相比之下，大多数考古学者更倾向于认为这件青铜纵目面具既不是单纯的人面像，也不是纯粹的兽面具，而是一种人神同形、人神合一的意象造型，它应是古蜀人的祖先神造像。

不管怎样，青铜纵目面具都代表着古蜀人的神学崇拜，为我们研究古蜀文明提供了重要的实物依据。

▲ 商　青铜人头像

▲ 商　青铜鸡

刻有神秘铭文的国之重器
后母戊鼎

国宝档案

国宝年代： 商代

规格： 重832.84千克，高133厘米，口长112厘米，口宽79.2厘米，足高46厘米，壁厚6厘米

出土年代及地点： 1939年出土于河南省安阳市武官村

收藏场所： 中国国家博物馆

国宝出土

1939年3月，河南省安阳市武官村的吴希增在堂弟吴培文家的祖坟地里探宝的时候，无意间碰到了一个坚硬的东西。他将探铲拔上来一看，发现铁质的探铲已经卷刃了，并且探铲头上还带着铜锈。他意识到自己可能找到了"大东西"，便将自己的发现告诉了吴培文。

为了尽快将"大东西"挖出，吴培文将挖掘队伍扩大到了40

多个人,终于在第三天晚上,一个锈迹斑斑的"大东西"被挖了出来,这便是震惊世人的青铜器国宝——后母戊鼎。

挖到宝物之后,吴培文等人开心不已,但此时的安阳已经被

▲商　后母戊鼎

后母戊鼎是已知中国古代最重的青铜器。

▲ 商　牛方鼎

此鼎与后母戊鼎在同一地点出土，出自商王陵，是商代晚期的饪食器。

日本侵略者占领，有如此大的宝物并不是一件安全的事情。思来想去之后，吴培文将后母戊鼎埋在了自家的院子里。

然而，吴培文挖到宝贝的消息被泄露了，日本人在吴培文家翻箱倒柜地寻找，还逼问了许多乡亲，却一无所获。吴培文心想一直将宝物藏在自己手中也不是办法，便找来古董商，想要把后母戊鼎卖出去，但是古董商说要卖就要将鼎分割成几大块才行。吴培文等人不忍毁坏宝物，便决定将后母戊鼎保护起来，不让它落入日本人手中。

之后日本人几次前来搜寻，都一无所获。为了让日本人死心，吴培文花钱买了一件青铜大鼎的赝品，并将其作为宝物"藏"了起来。

▼ 明　佚名　《帝鉴图说·革囊射天》插图

武乙是商王朝的第 28 位国君,他生性残忍,喜欢玩乐。一次他让人拿了一个装满鲜血的皮囊挂在高处,然后张弓搭箭射向皮囊,说这是在射天。武丁和祖庚、祖甲这些商朝的祖辈重视祭祀和礼仪,武乙却背道而驰。

当日本人再次前来搜查，发现赝品青铜鼎后，便将其抢走了。

为了保护后母戊鼎，被日本人紧盯的吴培文，将此鼎托付给自己的兄弟，自己远离家乡避难，直到抗战胜利才回来。1946年，他们将后母戊鼎上交给国民政府。

先进工艺

后母戊鼎，又称后母戊方鼎、后母戊大方鼎，是商王祖庚或祖甲为祭祀其母戊所制，是目前世界上出土的最大、最重的青铜礼器，有着"镇国之宝"的美誉。

后母戊鼎厚立耳，折沿宽缘，直壁深腹，平底，腹部呈长方形，下面有四只中空的柱足。器耳上有一列浮雕式的鱼纹装饰，鱼纹首尾相接，十分漂亮。

在器耳的外侧有浮雕式的双虎食人首纹，腹部的四壁正中间以及四隅各有凸起的短棱脊，腹部周边边缘位置装饰有饕餮纹饰，以云雷纹为底。柱足上端有浮雕式的饕餮纹路，下面衬三周凹弦纹。在后母戊鼎的腹部内壁上铸有"后母戊"三个字。

后母戊鼎的铸造工艺复杂，鼎身和四足为整体铸造，鼎身使用了8块陶范，每个鼎足各使用3块陶范，器底和器内各使用了4块陶范。鼎耳是在鼎身铸造之后再装范铸造的。后母戊鼎的整个铸造过程十分烦琐，充分显示了商代后期青铜铸造的高超工艺，堪称中国商代青铜铸造技术的代表作。

对伟大的母亲的纪念

商朝时期，武丁和他的两个儿子祖庚和祖甲开创了商朝 100 多年的盛世景象，使商朝的国力发展得十分强大，它不但在经济、政治上有所发展，在文化礼仪方面也有了很大的进步，人们越发重视祭祀和礼仪。

祖庚和祖甲的母亲叫作妇妌，她非常擅长农业种植，也掌握了至高的农耕祭祀权，地位很高。因此，在妇妌去世之后，祖庚或祖甲为了纪念自己的母亲，决定铸造一只鼎。

关于后母戊鼎的争议很多，大部分专家认为鼎腹内壁铭文"后母戊"是妇妌的庙号。

也正因为这个鼎，妇妌的名字永远地留在历史上，这可以算得上是古人对母亲最深切的爱与怀念了吧。

▲ 商王武丁像

武丁是商朝第 23 位君主，他勤于政事，任人唯贤，励精图治，使商朝政治、经济等得到空前发展。

商代最大的方尊历险记
四羊青铜方尊

国宝档案

国宝年代：商代

规格：上口最大径44.4厘米，高58.6厘米，重34.6千克

出土年代及地点：1938年出土于湖南省宁乡市黄材镇

收藏场所：中国国家博物馆

国宝出土

1938年4月的一个上午，湖南省宁乡市黄材镇的转耳仑山（今属炭河里国家考古遗址公园）上，姜景舒、姜景桥、姜喜桥三兄弟在半山腰垦荒，准备栽种红薯。正当他们奋力劳作时，忽然锄头一顿，同时从地底下传出了金属碰撞的声音。于是他们三人将土里埋着的东西挖了出来。一件散发着古朴久远气息的巨大的金属器物出现在他们的眼前。

他们并不知道这个墨绿色的、带有四只卷角羊头的东西到底是什么，但光是看它的样子就能知道这肯定是个宝贝。兄弟三人围着这个宝贝一阵打量，并用工具敲敲打打，竟然不小心将这器物的口沿敲掉了一个巴掌大小的碎片。三人协商一番之后，姜景舒将这个宝贝带回了家中。姜景舒虽然不知道这器物究竟有多么值钱，但是其不凡的外表、黑漆般的色泽，让他以为是珍贵的"乌金"。抱着这样的想法，姜景舒对这个宝贝格外珍惜。

姜景舒三兄弟挖到宝贝的消息很快就传开了，当地古董商闻

▲ 商　四羊青铜方尊

四羊青铜方尊是商朝晚期青铜礼器，为祭祀用品。

讯而来，将宝贝买走了。姜景舒在卖掉宝贝时，将那片敲下来的碎片留了下来作纪念。当地有关部门在打击走私文物过程中，又将宝贝成功追回。可随着日寇逼近，战争爆发，四羊青铜方尊在

▼ 明　佚名　《帝鉴图说·解网施仁》插图

商朝开国君主成汤为君宽仁，有一次到郊外，他看见有人四面张着罗网捕鸟雀。成汤于心不忍，于是让人将那网解去三面，只留一面。商汤解网施仁，恩及禽兽，深得民心，被视为仁德之君。

战乱中不小心遗失了。新中国成立后,周恩来总理指示相关部门多方追查四羊青铜方尊的下落,最后得知四羊青铜方尊在运载途中遭到日机轰炸,被炸成了 20 多块。这之后,四羊青铜方尊的碎片就一直被放在湖南省银行仓库的一只木箱内封存。

那么我们现在看到的四羊青铜方尊是如何"复活"的呢?原来,1954 年,文物修复大师张欣如接受修复四羊青铜方尊的工作。经过潜心修复,再加上姜景舒将最后一片碎片上交,四羊青铜方尊才得以"重生"。

先进工艺

作为中国存世的商代青铜方尊中最大的一件,四羊青铜方尊不但造型独特,工艺也非常精美。

四羊青铜方尊整体器身呈方形方口,大沿,颈饰口沿外侈,属于长颈、高圈足的设计,颈部高耸,

▲ 商 亚丑方尊

此件方尊肩部饰有八个立体兽首,颈部及肩部共有纹饰三层,以回首夔纹为主要纹饰。铭文两行九字,为祭祀诸位王后和太子的宝器。

▲ 商　兽面纹铜尊

安徽省博物院藏，此尊气势雄浑，富丽端庄。高47厘米，口径39.3厘米，侈口，折肩置三兽首，饰云纹，兽首间用扉棱分隔。鼓腹刻有3组浮雕兽面纹，圈足有3个"十"字形镂孔。

四边有蕉叶纹、三角夔纹和兽面纹等花纹装饰。其肩部、腹部与足部作为一体被巧妙地设计成了四只卷角羊的造型，肩部的四角是四个卷角羊头，羊头和羊颈伸到器外，羊身和羊腿则依附在尊腹部和圈足上面。

根据考古学家的分析，在铸造四羊青铜方尊的时候，应该是分为两次进行铸造的，即先将羊角和龙头单个铸造完毕，再将它们分别配置在外范内，然后对其整体进行浇铸。整个方尊采用块范法进行铸造，一气呵成，高超的铸造工艺令人叹服。

四羊青铜方尊花纹精美，线条刚劲有力，将平面纹饰和立体雕塑融为一体，为器物赋予了无与伦比的端庄与大气之感。拥有如此精湛的工艺，难怪史学家们都称它为"臻于极致的青铜典范"，并将其列为十大传世国宝之一。

文化寓意

大多数人看到四羊青铜方尊的第一眼,都会先注意到它的四个卷角羊头,那么这在古代有什么含义呢?

四羊青铜方尊是商周晚期的青铜礼器,主要用于祭祀。在铸造时,工匠将羊作为其着重表现的对象,自然是有特殊的象征意义的。

先秦时期,羊在祭祀礼仪中的地位仅次于牛。在河南安阳殷墟遗址发现的大量祭祀坑中,最多的就是牛、羊等的遗骨。因此,羊可能是当时祭祀用的主要牲畜之一。

据考古学家推测,四羊青铜方尊上的羊头造型,极有可能象征着作为祭品的羊。当时的统治者希望通过祭祀活动,获得上天的眷顾,以此祈求神明保佑羊等家畜的兴旺繁衍,因此在祭祀礼器的设计上处处用心。

▲ 商 四羊青铜方尊(局部)

河南博物院的"猫头鹰"
妇好鸮尊

国宝档案

国宝年代：商代

规格：重16千克，盖高13.4厘米，足高13.2厘米，口长16.4厘米，通高46.3厘米

出土年代及地点：1976年出土于河南省安阳市殷墟妇好墓

收藏场所：中国国家博物馆、河南博物院

国宝出土

河南省安阳市小屯村西北部原本是一片高出周围农田的岗地，1975年冬天，农村平整工地的过程中，这片岗地被列为平整的目标之一，妇好墓就是在这时被发现的。由于考古工作者没有在这一片进行过任何的挖掘工作，且对遗址的内涵了解较少，因此他们决定对这个重要的遗址进行钻探和清理。为了避免这片遗址在考古发掘前被破坏，考古工作者与当地干部取得联系，将这片遗

▲ 商　妇好鸮尊

妇好鸮尊造型生动传神,是中国商代青铜器中的精品。

▲ 商　跪坐玉人

▲ 商　玉阴阳人

▲ 商　梳短辫玉人

这些可插嵌使用或者供观赏的玉人，可能是插嵌在器物上展示，或者是供某种祭祀礼仪使用。跪坐玉人是妇好墓所有装饰品中最精美的一件，背后插一卷云状宽柄器，气度雍容，是一个上层奴隶主贵族的形象，抑或就是妇好本人。

址保护了起来。

手续齐全之后，1976年春天，考古工作者开始了对遗址的正式发掘。整个发掘的过程非常艰难，工作人员发现墓葬的遗物是分层埋入的，墓底距墓口有7.5米深，甚至深入地下水中1.3米左右，这就给遗址的发掘工作带来了新的难题。考古工作者决定用水泵将水抽出，但是水却越抽越多，为了保证遗址中文物的安全，考古工作者只好自己下去摸国宝、捞宝藏。

功夫不负有心人，文物被成功捞了出来。在诸多文物中，考古工作者发现了一件鸟形的铜尊，器身的铭文上还注有"妇好"二字，因器物整体作站立鸮形，此文物被命名为"妇好鸮尊"。

▲ 妇好雕像

妇好是商王武丁的妻子，是历史上有据可查的第一位女性军事统帅，同时也是杰出的女政治家。

先进工艺

鸮，又叫猫头鹰，妇好鸮尊是我国目前发现最早的一件鸟形铜尊，它可爱的猫头鹰造型深受大众喜爱。

妇好鸮尊主要由器盖和器身两个部分组成，其整体造型是一只站立的猫头鹰。鸮昂着头，"臣"字状目，小耳高冠，钩喙，胸略微向前凸起，双翅并拢，呈现昂首挺胸的架势。它的两爪非常粗壮，四只脚趾紧紧地抓着地面，宽大的尾巴向下垂至地面，尾巴和双足构成三个支点，让它可以稳稳地站立在那里。

整个器物都以云雷纹为地，器盖上装饰有饕餮纹，喙的表面和胸部装饰有蝉纹，冠面内侧和颈部两侧装饰有夔龙纹，两翼前端各盘长蛇一条，尾部装饰有一只鸮。

这样看来，妇好鸮尊的造型真是难得的新颖，不仅纹饰之间非常和谐，还颇具动态美感，是中国古代青铜文化中的精品。

文物价值

妇好鸮尊在造型和纹饰方面，与其他在妇好墓中出土的青铜器相比，堪称精品。整个器物不仅造型上有所创新，纹饰装配精美，制作者还对鸮的某些部位进行了适度的变形和夸张，将动物造型和青铜器相结合，制成了新颖的实用礼器，既体现了当时的现实生活，又将商朝文化中创新、追求完美的精神展现得淋漓尽致。

这件妇好鸮尊反映了殷商时期人们特有的宗教情感和审美观念，是物质生活和精神文明碰撞之后的成果，是中国青铜时代发展到一个新的高峰的物质证明。

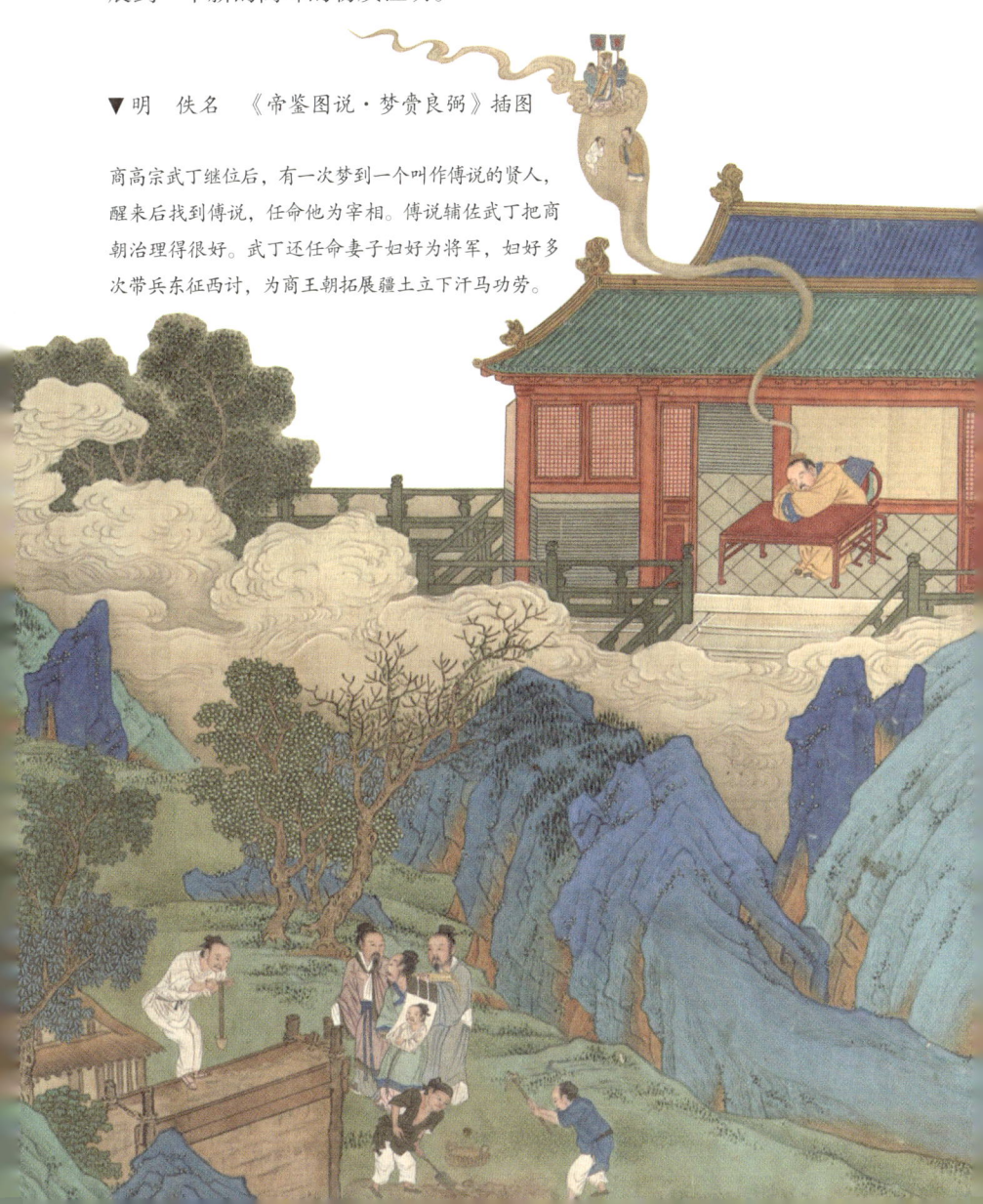

▼ 明　佚名　《帝鉴图说·梦赉良弼》插图

商高宗武丁继位后，有一次梦到一个叫作傅说的贤人，醒来后找到傅说，任命他为宰相。傅说辅佐武丁把商朝治理得很好。武丁还任命妻子妇好为将军，妇好多次带兵东征西讨，为商王朝拓展疆土立下汗马功劳。

铭文最长的古代青铜器
毛公鼎

国宝档案

国宝年代： 西周

规格： 重 34.7 千克，高 53.8 厘米，腹深 27.2 厘米，口径 47 厘米

出土年代及地点： 清道光二十三年（1843 年）出土于陕西省宝鸡市岐山县

收藏场所： 台北故宫博物院

国宝出土

清道光二十三年（1843 年），陕西省岐山县董家村的村民董春生在村子西边的地里干活时，意外挖出了毛公鼎。消息传出去之后，一位古董商人用 300 两白银从董春生手里买下了毛公鼎，但是在运送毛公鼎的过程中，却被村民董治官阻挠，这笔买卖没能成交。古董商人怀恨在心，贿赂了当时的知县，将董治官以私藏国宝罪抓了起来。

后来毛公鼎被古董商人运走，几经辗转，最终落到了当时担任北洋政府交通总长的大收藏家叶恭绰手中。

1937 年，抗日战争全面爆发，叶恭绰为了避难逃往香港，毛公鼎被他藏在上海的公寓中。叶恭绰离开前，曾嘱咐侄子叶公超务必保护好国家文物。日本人听闻毛公鼎的消息后到处查探，几经易手的毛公鼎险些被日军夺走。日本人无端逮捕了叶公超，并对他严刑拷打，然而叶公超谨遵叔父教诲，无论日军怎么折磨都没有说出

▼ 西周　毛公鼎

毛公鼎造型浑厚凝重，是西周晚期的鼎由宗教转向世俗生活的代表作品。

▲ 清　毛公鼎全形拓本

毛公鼎全形拓本出自清朝陈介祺或其门人之手，形态逼真，立体感强。现藏于中国国家图书馆。

毛公鼎的下落。为了拯救侄子，叶恭绰不得不造了一只假鼎，骗过了日本人。叶公超被释放后带着毛公鼎到香港投奔叔父，不久，香港沦陷，叶家人带着毛公鼎再次回到上海，后来因为生活困顿，不得已将鼎抵押给银行。巨贾陈永仁不忍国家文物流落他乡，便出资赎回了毛公鼎，并将其捐献给了当时的国民政府。1947年毛公鼎由上海运往南京，后国民党在解放战争中战败，退走台湾，同时也带走了大量的文物，这其中就包括毛公鼎，自此毛公鼎就一直保存在宝岛台湾。

毛公鼎经历了如此多的惊险波折，能够在多年后重新出现在大众眼前实属不易。如今这件稀世瑰宝是台北故宫博物院的镇馆之宝，还是永不更换的展品。

先进工艺

毛公鼎因其作者为毛公而得名，

▲ 商　目雷纹鼎

▲ 西周　大盂鼎

▲ 西周　大克鼎

随着时间的推移，鼎由烹煮食物的器物逐渐被视为传国重器、国家和权力的象征，周代的国君或王公大臣在重大庆典或接受赏赐时都要铸鼎，以记载当时的盛况，这种礼俗对后世的朝代影响深远。

其造型浑厚凝重，纹饰简洁典雅。每当我们看到它，一股古朴素净之感便扑面而来，让人忍不住被其蕴含的历史感所震撼。

毛公鼎为直耳，半球腹，柱足为兽蹄形，虽然矮短，却庄重有力。在毛公鼎的口沿处还装饰有重环纹一道。它的鼎内壁上还铸有铭文，32行500个篆书文字，是所有现存青铜器中铭文最长的一篇，被世人称为西周青铜器中的铭文之最。

在晚清时期，毛公鼎同大盂鼎、大克鼎被誉为"海内三宝"。今天我们再次看到毛公鼎，仿佛还能够透过它窥见西周时期的社会风气和那浓浓的生活气息。

铭文价值

毛公鼎内的铭文，主要记载了周宣王告诫、赏赐大臣毛公的策命辞。

铭文中这样叙述：周王为了中兴周室，革除弊病，策命朝中大臣毛公，要他忠心辅佐，帮助其处理国家内外的大小事务，不可横征暴敛、罔顾民意，不可重蹈先臣违抗王命、酗酒无度而遭丧国之祸的覆辙。

毛公感恩周王委以重任的信任和赏赐，于是铸造此鼎记事，传于子孙后代永享。

这篇铭文长达500字，叙事完整，记载翔实，被誉为"抵得一篇《尚书》"，从这足以看出人们对铭文的赞赏和重视程度。

当然，毛公鼎铭文的价值并不仅在于此，其铭文的书法庄重

▲ 明　仇英　《帝王道统万年图·周成王占卜国运》

西周君主重视加强宗法制统治权力，图中描绘的是周成王占卜国运，在郏鄏（周朝东都，故地在今河南省洛阳市）定鼎，本固源深，四方朝贡。200余年后，第十一代君主周宣王继位后，在政治上和军事上加以整顿，对毛公也委以重任，后毛公将周宣王的告诫、赏赐铸鼎记事，传于子孙后代永享。

端正，笔法圆润精严，线条浑凝拙朴，在笔意轻重变化之中透露出勃勃生气与真意。铭文的章法纵横宽松，文字间错落有致，毫无做作之感。

　　总体来说，整体铭文的书法充盈着无与伦比的古典美，表现出西周晚期的文字书写形成了具有纯熟书写技巧和表现手法的形式和规律，为喜好书法的后人提供了非常好的临摹模板。

刘铭传后人护宝捐宝传奇
"虢季子白"青铜盘

国宝档案

国宝年代：西周

规格：长137.2厘米，宽86.5厘米，高39.5厘米，重215.3千克

出土年代及地点：清代道光年间出土于陕西省宝鸡市虢川司（今属宝鸡市陈仓区）

收藏场所：中国国家博物馆

国宝出土

"虢季子白"青铜盘原本在清代道光年间（1850年之前）出土于陕西宝鸡的虢川司，被时任眉县县令的徐燮获得，徐燮卸任后将其带回老家常州。太平天国时期，护王陈坤书占据了常州，虢盘又成了护王的珍藏。

清代同治三年（1864年）的夏天，时任直隶提督的淮军将领刘铭传跟随李鸿章镇压太平军时占领了常州，之后便住进了陈坤书的护王府。一天夜半时分，四周十分安静，刘铭传正在秉烛读书，忽然听到窗外传来金属撞击的声音。他心下一惊，以为有刺客闯入，连忙呼喊护卫亲兵，众人搜寻一番却没有任何发现。

没多久，这金属撞击声再次传来，刘铭传循着响声来到了马厩，原来是马头上的铁环撞击马槽发出的声音。刘铭传觉得好奇，伸手去摸马槽，只觉触手冰凉，马槽在烛光下散发着深沉的幽光。刘铭传顿时明白，这马槽必定非同寻常，决定天亮后再看个究竟。

第二天一早，刘铭传派人把马槽清洗干净，才发现这是一个长方形的铜盘，周身布满曲纹，底部还有铭文，定然是年代久远的国宝无疑。他让人将此宝运回家乡，后又请来几位熟悉古文字的名士进行鉴别，最终确定为虢盘。

查明马槽其实是国宝后，刘铭传欣喜若狂。虢盘在他这里的

▲ "虢季子白"青铜盘

"虢季子白"青铜盘盘底铭文语句修饰用韵，文辞优美，书法为圆转书风，被视为西周金文中的绝品。

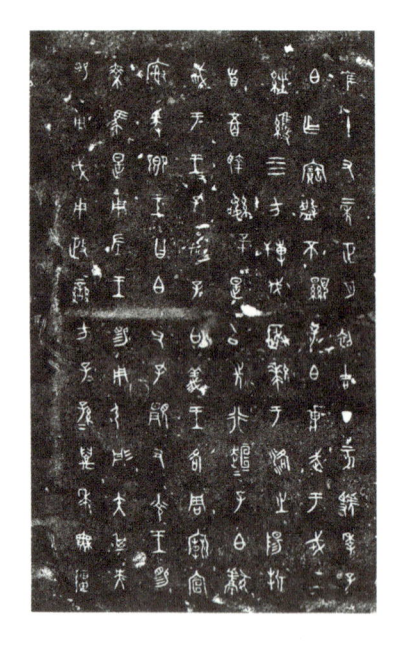

▲ "虢季子白"青铜盘铭文拓片

消息传出,很多达官贵人想要一饱眼福,可偏偏刘铭传从不将虢盘轻易示人,因此得罪了不少权贵。

刘铭传去世后,他的后人为保护虢盘经受了不少皮肉之苦,尤其后来日军侵华到处烧杀抢夺,为了保护虢盘,刘家后人只好将虢盘再次埋入土中,然后举家外迁。这样,才使得虢盘没有被日军抢走。

后来时任国民党安徽省主席的李品仙还曾以武力胁迫刘家后人交出虢盘,李品仙的下属为了讨好他,还将刘家老宅掘地三尺寻找虢盘,可最终还是没有找到。

这"虢季子白"青铜盘自1864年就与刘家结缘,受其保护近百年,终于重获新生,着实不易。刘家后人为了保护虢盘付出了巨大的代价。新中国成立之后,刘家后人刘肃曾带领家人挖出了虢盘,上交给了国家,这才使得虢盘重见天日。

先进工艺

作为西周青铜器中的魁首,"虢季子白"青铜盘的造型奇特,呈圆角长方形，直口方唇，四壁斜下向内收敛，形成口大底小的造型，底部是四曲尺形足。制作者为了避免此器物出现笨重感，不但在四壁各设计了两只衔环兽首耳，而且还在口沿的部位用窃曲纹装饰了一圈，腹部用波曲纹环饰。在"虢季子白"青铜盘的器物内底铸有铭文，不仅篇幅完整，字体也非常优美。

"虢季子白"青铜盘第一眼看上去，很容易让人联想到我们浴室中的浴缸，二者不但长得像，功能上也有类似之处，比如浴缸是用来盛洗澡水的，而在西周时期，"虢季子白"青铜盘也是用来盛水的容器。

"虢季子白"青铜盘体形巨大，纹饰华美，是迄今为止出土的最大的铜盘，它的出土为研究西周时期政治、文化提供了重要的史料依据。

▲ 商　蟠龙纹盘

青铜器上的"史诗"

"虢季子白"青铜盘是青铜器中的瑰宝，它的底部正中间铸有8行111字的铭文。铭文的语言简练，主要记载了虢季子白奉命出征，率

▲ 南宋　庭园婴戏图银盘

军在洛水之北与猃狁作战。在此过程中，他骁勇善战，共斩下敌首500，活捉俘虏50人，荣获战功。班师回朝之后，周宣王设宴为他庆功，并赏赐给他马匹、斧钺、弓箭等。

▼南宋　马和之　《诗经·小雅·鸿雁之什图卷》（局部）

周宣王时期，外敌猃狁入侵，再加上国内干旱，大量民众流离失所，国家进行安顿。《鸿雁》篇有人认为是赞美周宣王对流民安顿的，也有人认为是流民自叙悲苦，但无论哪种，都从侧面反映了当时徭役给人民带来的痛苦。

整篇铭文以四字为主,句式十分工整,蕴含了很高的文学艺术价值,被后人称为青铜器上的"史诗"。

此外,铭文的字体线条流畅,字形疏密有度,自有其空间感,是西周金文中少有的清丽秀逸字体,被认为是金文中的书家法本。

细细打量这跨越几千年而来的青铜器物,如此精美秀逸的字体、文辞优美的铭文,无论是工艺水平,还是历史价值,都使它堪称国之重宝。

圣洁与长寿的理想化身
莲鹤方壶

国宝档案

国宝年代：春秋时期

规格：北京故宫博物院藏品高 122 厘米，宽 54 厘米；河南博物院藏品高 117 厘米，口长 30.5 厘米，口宽 24.9 厘米

出土年代及地点：1923 年出土于河南省新郑市李家楼郑公大墓

收藏场所：北京故宫博物院、河南博物院

国宝出土

1923 年 8 月的一天，河南省新郑市李家楼村的乡绅李锐在自家菜园中打井时，竟挖出了 2600 多年前春秋时期郑国国君的大墓。李锐家挖出很多古铜器及碎片的消息传出去，引起了北洋陆军第十四师师长靳云鹗的注意，他立刻派人接管了李锐家的园子，并派出工兵部队在那里继续挖掘。

经过挖掘，整个郑公大墓露出了全貌，共出土 100 多件青铜器，

圣洁与长寿的理想化身：莲鹤方壶 | 045

其中有两尊造型非常独特且非常精美的方壶引起了挖掘人员的注意，经过专家辨认，确定为郑国王室的祭祀重器——莲鹤方壶。

在抗日战争和解放战争时期，为了保护莲鹤方壶等国宝免受掠夺，它们几经周折，一路辗转几个地方才被保存下来。后来，莲鹤方壶成为河南博物院的首批"镇馆之宝"之一。

现如今，两尊莲鹤方壶一个收藏在河南博物院中，一个收藏在北京故宫博物院中，两个"孪生兄弟"虽然分隔两地，但它们所代表的文化意蕴却始终如一。

先进工艺

莲鹤方壶出土时为两件，这两尊莲鹤方壶只是在高度上

▲ 春秋时期　莲鹤方壶

此壶为春秋时期青铜制盛酒或水器，反映了春秋时期青铜器艺术审美观念。

有略微的差别。

莲鹤方壶的壶身为扁方体，腹部有蟠龙纹装饰，龙角竖立。在壶身的四周各装饰有一只神兽，神兽的兽角微微弯曲，双翼从肩部长出，长长的尾巴向上卷起。圈足下还有两条卷尾兽，身体有着鳞纹，头转向外侧，有枝形角。壶体上装饰的龙、兽有向上攀缘之感，与支撑壶身的卷尾兽相互呼应，极为生动。

莲鹤方壶的壶盖呈莲花瓣状，一圈肥硕精美的双层花瓣向四周张开，花瓣上布满了镂空的小孔。在整个莲瓣的中央，有一个可以活动的小盖子，上面一只仙鹤高傲地站在花瓣中央眺望着远方，似乎正准备展翅飞翔。

古代工匠在铸造莲鹤方壶时使用了多种先进工艺，圆雕、浅浮雕、细刻、焊接等多种技法轮番上阵，这才有了完全不同于商周时期厚重庄严的青铜器风格。细腻新颖的纹饰、复杂精美的结构、高超的铸造

▲ 西周　颂壶

台北故宫博物院藏。西周盛酒器，因作器者为"颂"而得名，形制庄重，纹饰瑰丽。颂壶有两件，一有盖一无盖，无盖件收藏于中国国家博物馆，有盖件收藏于台北故宫博物院。

◀ 西周　芮公壶

台北故宫博物院藏。有盖，双耳，腹饰兽带纹，颈饰山云纹，足饰垂鳞纹，盖饰窃曲垂鳞纹。

▲ 春秋时期　环带纹兽耳壶

台北故宫博物院藏。此壶口呈圆形，颈腹饰环带纹，时隔千年依然散发出温润光泽，具有较高的艺术价值。

▲ 战国时期　曾姬壶

台北故宫博物院藏。此壶又称为曾姬无恤壶，同型两件，护身高124厘米，口径32厘米，底径36厘米，各有铭文39字，据专家考证为楚宣王所铸。

技艺，无一不和商周时期的青铜器形成鲜明对比，简直就是春秋时期青铜工艺的典范之作！

有此莲鹤方壶作为代表，足以见证春秋时期郑国的工业科技水平远超他国、独领风骚了。

美好寓意

莲鹤方壶本身的曲线优雅，工艺精湛，纹饰精美，周身的浮雕、雕饰无一不体现着它作为春秋时期青铜器精品的独特地位。然而在莲鹤方壶的纹饰背后，其实还隐藏着深远的寓意。

莲鹤方壶口沿部分的莲花形镂空花瓣，与仙鹤相辅相成，呈现出一种飘飘欲仙之感。莲花在中国古代人的眼中一直都有着美好圣洁的寓意，文人墨客都爱在诗词歌赋中对莲花进行描述，或者以莲花为载体抒发自己的情怀。它风姿绰约，出淤泥而不染，被人们赞美歌颂，深受世人喜爱。

而受到古代信仰、图腾崇拜的影响，春秋战国时期就已经出现了由龙、凤这类神话动物引导亡者灵魂升天的思想，因此在这个时期的很多墓葬都会出现这类寓意的图像，反映死者灵魂升天、灵魂不死的宗教思想。

莲鹤方壶纹饰上的莲花和盖子上方的仙鹤正是出于"神形相生、灵魂升天"的宗教信仰，利用两者相配，莲花衬托着仙鹤的高雅、圣洁与长寿之感，营造出一种美好、神秘、吉庆的氛围，因此可以说，莲鹤方壶是当时人们对圣洁与长寿期望的理想化身。

庚子桂月寫
延州內史

▶ 明　佚名
《荷花圖》

此荷圖意境優美，生趣天成。荷花也被稱為蓮花、水芙蓉，象徵著高潔、聖潔、清廉，有花中君子的美譽。春秋戰國時期的蓮鶴方壺採用了蓮花和仙鶴的紋飾，體現了世人對聖潔與長壽的期望。

千年不锈的青铜宝剑
越王勾践剑

国宝档案

国宝年代： 春秋时期

规格： 剑长 55.6 厘米，宽 5 厘米

出土年代及地点： 1965 年出土于湖北省荆州市江陵县望山一号楚墓

收藏场所： 湖北省博物馆

国宝出土

1965 年 12 月，考古工作者在湖北省荆州市的江陵地区发现了一座楚国墓葬。在墓葬中出土了数百件文物，考古人员在清理搬运其中一把宝剑的时候，一不留神将手指头割破了，顿时血流不止。其他工作人员纷纷围过来，在帮他止住血之后，有人不相信这柄宝剑还能如此锋利，于是找来一堆白纸进行试验。结果出乎所有人的意料，20 多层的白纸，用剑锋轻轻一划，便全部都划破了。

直到有人发现，在近剑格的地方有两行鸟篆铭文"越王鸠浅，自作用剑"，这才确定了这把剑是春秋时期最后一位霸主越王勾践的佩剑。

越王勾践剑制作精良、寒气逼人、锋利无比，尽管历经 2000 多年的尘封，但其纹饰仍然清晰，具有极高的历史价值，被世人誉为"天下第一剑"。

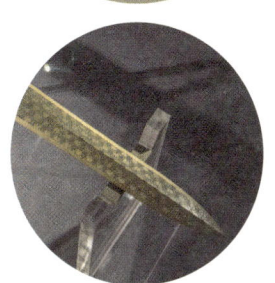

▲ 春秋时期　越王勾践剑

越王勾践剑体现了当时短兵器制造的最高水平。

▲ 清 袁耀 《山水四条屏》

此画描画的是扬州"平流涌瀑""万松叠翠""平岗艳雪""春台明月"四景。扬州地处越国范围内。越王勾践是春秋时期的越国君主,也是春秋时期最后一位霸主,其佩剑被世人誉为"天下第一剑"。

先进工艺

越王勾践剑是春秋晚期越国的青铜器,它制作精美,剑首向外翻卷成圆箍形,内铸有间隔仅 0.2 毫米的同心圆,共 11 道。茎上有两道凸箍。剑身布满了黑色菱形暗格花纹,剑格的正面镶有蓝色琉璃,背面镶有绿松石,看起来既精美又颇具高贵之感。

越王勾践剑剑身非常修长,有中脊,两片从刃锋利异常,前锋曲弧向内凹。

在越王勾践剑的剑身之上,还刻有铭文"越王鸠浅,自作用剑"。因为古代的文字和读音尚未统一和规范,所以专家认为"鸠浅"是"勾践"两字的通假字。也就是说,"越王鸠浅,自作用剑"就是指越国君王勾践自己使用的剑。

通透有光泽的剑身、锋利异常的剑刃、镶嵌其中的琉璃和绿松石……无一不体现出中国古代青铜器的高超工艺。

▲越王勾践石像

千年不锈之谜

越王勾践剑时隔 2000 多年再次出现在世人面前,但是它却没有像其他出土的青铜剑一样严重锈蚀,这是为什么呢?它千年不锈的背后究竟藏着什么秘密?

一般来说,在古代墓葬中,发

生锈蚀的原因有以下几个：在潮湿的条件下，有空气或者氧气存在，容易发生锈蚀，产生铜盐；在潮湿的条件下和贵重金属（如金、银等）进行接触，容易产生电化学腐蚀；与硫或者含硫的物质进行接触，会产生铜的硫化物等。

越王勾践剑能千年不锈，正是因为不曾满足上面几个条件。

首先，春秋战国时期的青铜剑多为合金铸造，越王勾践剑的青铜合金是由铜、锡以及少量的铝、铁、镍、硫组成的。剑脊含铜较多，因此剑韧性好，不易折断；而剑刃含锡较多，硬度大，使剑非常锋利；花纹处含硫多，硫化铜可以防止锈蚀。

其次，越王勾践剑被埋藏在地下数米的棺木之内，出土的时候还插在木质剑鞘内，墓室为封闭的环境，隔绝了氧气，因此不会生锈。

最后，墓室曾长期浸泡在地下水之中，空气含量极少，使得越王勾践剑能够得到更长久的保存，也有避免锈蚀作用。

综上所述，越王勾践剑千年不锈完全是由于它自身的材质以及所处的环境导致的。这个答案你想到了吗？

改写世界音乐史的珍宝
曾侯乙编钟

国宝档案

国宝年代：战国早期

规格：钟架长 748 厘米，高 265 厘米

出土年代及地点：1978 年出土于湖北省随县（今随州市）曾侯乙墓

收藏场所：湖北省博物馆

国宝出土

1978年春天，在湖北省随州城郊擂鼓墩驻军扩建厂房的过程中，工作人员偶然发现了曾侯乙墓。整个曾侯乙墓面积达220平方米，比出土越王勾践剑的楚墓大8倍之多。

当考古勘测小组听闻消息赶到的时候，他们发现部队的施工队打的炮眼距离古墓的顶层仅相差80厘米，这意味着如果施工人员再放一炮，这座"超级古墓"便会不复存在，里面的千古珍奇更可能会消失殆尽。

1978年5月22日，在将墓室的积水全部抽干之后，墓室中的场景吸引住了所有人的目光：65件青铜编钟除少数几枚掉落在地上，其余都整整齐齐地挂在木质钟架上，宏伟壮观的曾侯乙编钟重现在世人面前。

在曾侯乙编钟出土之后，专家对全套编钟逐个进行鉴定，发现曾侯乙编钟的音区可以跨越5个半八度，中心音区的12个半音则十分齐全。

曾侯乙编钟的出土震惊了世界考古界，谁也想不到中国早在2000多年前就已经有了如此精美的乐器，这充分证明了中国古代音律科学的发达程度。

先进工艺

曾侯乙编钟是由65件青铜编钟组成的庞大乐器，在春秋战国

▲ 战国时期　曾侯乙编钟

曾侯乙编钟的出土改写了世界音乐史，是中国迄今发现数量最多、保存最好、音律最全、气势最宏伟的一套编钟。

▲ 战国时期　曾侯乙编钟

▲ 战国早期　曾侯乙尊盘

湖北省博物馆藏。曾侯乙尊盘由尊和盘两件器物组成，尊高30.1厘米，口径25厘米，盘高23.5厘米，口径58厘米，可谓是春秋战国时期最复杂、最精美的青铜器件。

时期风靡一时，和琴、笙、鼓等都是王室显贵的陪葬重器。

曾侯乙墓中出土的编钟保存完好，65件编钟按照大小和音高的顺序编成8组分别悬挂在3层钟架上。最上层的3组19件为钮钟，体形较小，有方形钮，篆刻铭文，但是文呈圆柱形，枚为柱状，字数较少，只标注了音名。中间和下面两层共5组45件，为甬钟，有长柄，钟体遍布着浮雕式的蟠虺纹纹饰。在钮钟和甬钟之外，曾侯乙编钟中还有一枚镈钟，是楚惠王所送。

曾侯乙编钟的钟架是桐木结构，为曲尺形状，横梁是木质，上面用漆绘制装饰，横梁的两端有雕饰龙纹的青铜套。中下层横梁各有三个面容严肃、身穿长袍、携带佩剑的铜人，他们以头、手托顶梁架，使得编钟显得更加华贵。为了防止坍塌，编钟的中间还使用了铜柱进行加固。

曾侯乙编钟是我国古代人民高超智慧的结晶，其凭借着高超的铸造技术和良好的音乐性能，被中外专家称为"稀世珍宝"。

编钟外交

作为大型的打击乐器，曾侯乙编钟不仅是中国古代青铜铸造工艺的代表，更是古代人民的智慧结晶，象征着中国古代文化的辉煌。它为我们国家的外交做出了很多贡献。

1992年，为了纪念中日邦交正常化20周年，"曾侯乙墓出土文物特别展"在日本东京举行。其间，表演人员用曾侯乙编钟等古代乐器演奏了中日两国人民熟知的《楚殇》《四季》等曲目，让在场的所有人为之沉醉。

1995年春季，湖北省博物馆举办的"中国周代艺术品展"在卢森堡举行。编钟的表演引起欧洲观众的强烈兴趣，也增强了欧洲观众对中国文化和中国艺术的好感与关注度。

美国前国务卿基辛格博士曾于1982年和1996年先后两次去湖北省博物馆参观。在1999年时，他还利用到武汉商谈合作的机会，再次参观湖北省博物馆，欣赏了用编钟演奏的《友谊地久天长》等曲目。

曾侯乙编钟作为中国优秀传统文化的代表，不仅拉近了中国和世界的距离，更成为中国文化传播的符号和对外交流的桥梁。

中国最早的制冷"冰箱"
青铜冰鉴

国宝档案

国宝年代：战国时期

规格：长76厘米，宽76厘米，高63.2厘米

出土年代及地点：1978年出土于湖北省随县（今随州市）曾侯乙墓

收藏场所：中国国家博物馆

国宝出土

1978年春天，湖北省随县某部队接受了一项任务，要在随县一个叫作擂鼓墩的小村庄扩建工厂厂房。在施工过程中，部队发现了一座庞大的古墓，国家派遣我国著名考古学家谭维四带领考古团队前去考察。经过鉴定，这座古墓的历史可以追溯到2000多年前的战国时期。

这座古墓的主人是谁呢？考古学家推测这座古墓属于战国诸

侯曾国（当时也称为随国）的一位叫乙的国君，因为曾国是周天子分封的诸侯国，所以考古学家将这座古墓命名为曾侯乙墓。

在曾侯乙墓中，考古学家发现了大量精美的器皿，总计有15404件，其中有成套的巨型青铜编钟、编磬，巧夺天工的雕刻龙凤玉佩，以及工艺复杂的尊盘……有趣的是，在这些精美的宝藏中，一对厚重的青铜鉴缶吸引了人们的目光，人们不禁产生了这样的疑问——这一套外鉴里缶的器物在当时是用来做什么的呢？

▲战国时期　青铜冰鉴

青铜冰鉴是战国时期的青铜器，构思精巧，兼具实用性与艺术性，冰鉴出土时还配有一把长柄铜勺。

先进工艺

古人的创意了不起,但比创意更了不起的则是古人制造青铜器皿的高超工艺。

方形的缶下有圈足,上有平盖,在缶的口处还有四个圆环钮,正好与向内折的盖形成扣合结构,只要扣上盖便严丝合缝。在缶上有各种纹饰浮雕,如勾连纹、云雷纹、蕉叶纹等,显得庄重而又别致。

缶的工艺已经很复杂了,鉴的工艺要比缶的工艺更为复杂!

鉴的主体部分由鉴身、装饰附件和镂空附饰组成,三个部分的铸造工艺各不相同。鉴身使用的是浑铸法铸造,装饰附件使用的是分铸法,镂空附饰使用的则是失蜡法。

浑铸法就是根据器型,先用陶土制作模,根据模再制作更细致的范,然后对范进行浇注和去范,最后形成器型。我们常用的模范这个词,就是由这个工艺产生的。

分铸法指的是将器物分割浇筑,然后用铸合法或焊接法将器物合成一体。

失蜡法是指用容易熔化的材料,一般是黄蜡,制成器物的蜡模,然后在蜡模表面用细泥浆浇淋形成一层泥壳,再在泥壳表面涂上耐火材料让它硬化成为铸型,最后再烘烤让蜡油熔化流出,从而形成内部空的范,然后向空腔内浇铸铜液,凝固冷却后就可以得到精密光洁的无痕器皿。

▲ 战国时期　青铜冰鉴（局部）

望识夏之时风薰气欝滋是谁迩暑客雅合招遗诗荷笑披芳锦柳忘动弱丝原臻画家美亂曰背而驰

▲宋人合璧画册 《赵士雷荷亭消暑》

赵士雷荷亭消暑

此为宋人的夏季留影,古代没有空调,只能通过多种不同方式消暑纳凉。战国时期就有人研制出了类似于保温箱、冷藏冰箱一样的冰鉴,让人不得不佩服中国古人的智慧。

古人用这三重细致的工艺，造出了无比精美且实用的冰鉴，其鉴身不仅装饰复杂，更有一套榫卯结构，让鉴和缶能够融为一体，不至于因为搬运而晃动。如此巧夺天工的工艺，如此超脱于时代的构思，不得不让人感慨中国古代工匠的伟大。

古代"冰箱"

鉴是古代的一种盛水器皿，类似于今天的大盆子，形状可以是圆的，也可以是方的；缶则是一种小一些的容器，样子很像我们经常使用的碗或汤盅。

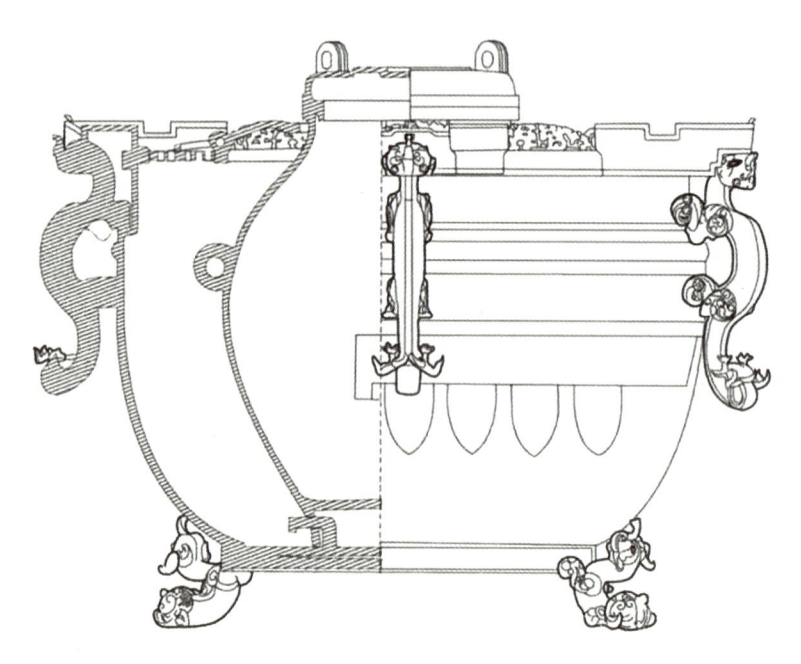

▲ 青铜冰鉴内部结构图

据历史学家和考古学家共同考证，曾侯乙墓中出土的这套青铜鉴缶很可能是用来保存食物和饮料的器物。使用方法是在鉴中加入冰块，然后把缶放进去，再将酒水或食物放在缶中。因为鉴上面有盖，下面有足，可以尽量避免外部热量进入，而鉴里面的冰又对缶起到降温的作用，以此来对食物或饮料进行冰镇和保鲜。

也就是说，这对青铜鉴缶就像我们今天的保温箱、冷藏箱一样，能够帮助古人在炎炎夏日喝到凉爽的冰镇饮料。也正因为如此，考古学者才将它们命名为"冰鉴"。

现在的小朋友可能感觉这套冰鉴并不稀奇，但要知道，那可是在2000多年前，那个时候没有电，而我们的古人已经用上了"冰箱"，这不由得让我们赞叹中国古人的智慧真是了不起。

秦始皇调动军队的秘符
阳陵虎符

国宝档案

国宝年代：秦朝
规格：长8.9厘米，宽2.1厘米，高3.4厘米
出土年代及地点：山东省临城县出土
收藏场所：中国国家博物馆

国宝出土

相传阳陵虎符出土于山东省临城县，曾为清末大学者罗振玉收藏。但是在后来的岁月中几经辗转，最终被大学者郭沫若偶然发现。

抗日战争期间，郭沫若在空闲时很喜欢逛地摊。有一天，他在地摊上发现了一件铜老虎，它造型古朴，上面印有铭文。郭沫若越看越觉得它像一件文物，便拿起来详细观看，不料这件铜老虎却突然分成了两半。对文物素有研究的郭沫若马上意识到这可能是古代的兵符，随即将其买了下来。他把铜老虎仔细考证了一番，正如他所料，这果然是一件古代虎符。就这样，一件非常稀有、极其珍贵的文物，戏剧性地被发现了。

据郭沫若描述："其虎符背上有12个错金字分别写于两半，为篆书，合起全文为——甲兵之符，右才（在）皇帝，左才（在）阳陵。"虎符盛行于战国、秦、汉时期，而文中所写阳陵是秦郡名，秦始皇也是在统一六国后才自称"皇帝"，且统一文字为小篆，因此这件虎符无疑就是秦始皇统治时代的器物。

汉朝时期也有虎符，为什么郭沫若断定这一枚是秦朝而不是汉朝时期的文物呢？原来，古代虎符的背面刻有铭文，分为两半，右半存于朝廷，左半发给统兵将帅或地方长官。秦代的虎符铭文印于符的左右两侧，两侧文字相同，不用合符就可通读。而汉代虎符则不同，铭文刻于虎脊之上，骑于中缝，只有合符才可

▲ 秦　阳陵虎符

以通读。

出于对虎符文化的热爱，1942年，郭沫若创作了话剧《虎符》，其内容取材于《史记》中记载的信陵君窃符救赵的故事，故事充分说明了在当时虎符的重要作用。

先进工艺

阳陵虎符之所以价值极高，不仅仅在于它在当时发挥的作用之大，还在于它的工艺之妙。

阳陵虎符采用先进的错金工艺制作而成。错金工艺就是先在虎身上刻出阴文，再把金丝、金线、金片等按纹样嵌入阴文，最后打磨光

▼ 汉　鎏金铜虎符

汉代在兵符上承袭秦制，但不同的是，汉代虎符的铭文大都刻于虎脊之上，骑于中缝。

▲ 新郪虎符

史书记载此虎符为汉淮南王刘安私铸。

亮。如此复杂的工艺在2000多年前的秦代一般人根本无法仿制。

我国古代错金的装饰题材和内容有铭文、几何图形、动植物等，其中以阳陵虎符里的错金铭文最为常见。青铜器上的铭文是在商代出现的，最早是铸造出来的，而战国、秦、汉时期的虎符则多为刻制，无论是铸还是刻，因为铭文与铜器的本色都一样，所以人们想要分辨出铜器上的铭文并不那么容易。但从春秋时期错金工艺兴起后，人们在铜器上用黄金错成铭文，铭文就变得引人注目了。人们一见到青铜器，金光闪闪的铭文就抢先映入眼帘。

错金铭文具有很强的保存性，青铜器经过地下千年埋葬，即便其表面已经变成深色，但错金铭文的光辉依然不减，非常美观。

调动军队的秘符

虎符又称兵符，传说是周朝开国时的军事家姜子牙发明的，其形状呈虎形，多数以青铜铸造，是古代君主授予大臣兵权后调动军队的凭信物。虎符能分成左右两半，要调动军队时，皇帝将右一半交给差遣的将领，让他拿去和带兵将领手里的左一半进行扣合，只有验证无误，才能调动军队。这就好像一把钥匙开一把锁一样，只有同为一组的虎符才能合在一起。虎符专符专用，一地一符，一个兵符不可能同时调动两个地方的军队。唐朝曾经改用鱼符或兔符，可后来又恢复使用虎符。

也许有人会问，古代皇帝统治天下还真是麻烦，打仗时还要用虎符当作信物,万一丢失了怎么办呢?在科技发达的今天,家长要交代我们一件事情,只需要打个电话或是发个微信就可以办到;但是在古代,皇帝下达的旨意需要一层一层地传递下去,很难保证信息传到的时候不出现差错。而皇帝作为九五之尊,并不是谁都可以见到的,尤其是在当时交通不便的情况下,皇帝就更不可能到处出行,为了方便领导军队将领,就只能利用虎符"见符如见人了。"

▲ 太公姜尚

姜尚,字子牙,商朝末年,他在渭水之滨垂钓时,遇见西伯侯姬昌,被拜为太师,成为首席智囊,辅佐姬昌建立霸业,周朝建立后辅政。

园林"飞出"的吉祥鸟
秦始皇陵青铜鹤

国宝档案

国宝年代：秦朝

规格：高77.5厘米，长102厘米；踏板长47.5厘米，宽32.5厘米，厚1厘米

出土年代及地点：2000年出土于陕西西安秦始皇帝陵K0007陪葬坑

收藏场所：秦始皇帝陵博物院

国宝出土

2000年7月，根据孙马村村民提供的线索，陕西省考古所和秦陵博物馆组成的联合考古队进入西安临潼区晏寨乡进行发掘，证实发现了秦始皇陵的又一座神秘陪葬坑——秦始皇陵铜禽坑，编号为K0007。

秦始皇陵铜禽坑距秦始皇陵约1.5千米，是目前所发现距离皇陵最远的陪葬坑。其平面呈"F"形，总面积约为925平方米。在这里共出土青铜水禽46件，其中青铜鹤6件、天鹅20件，其他鸿雁等禽类若干和造型奇异的陶俑15件。它们都与真实水禽的大小相似，分布在一条模拟小河两岸的台地上，头部面向中间的河道，有的在觅食，有的在小憩，动作形态各异。

据专家研究，该陪葬坑可能是池沼，也就是古代在都城附近所建的内有台榭、水禽、假山、水池，可供举行歌舞祭天等活动的场所。由于"铜禽坑"在坍塌前曾遭受水淹以及焚烧等人为破坏，加之长期处于高温多湿的埋藏环境，因而青铜水禽出土时腐蚀、矿化、粉化情况十分严重，有的甚至仅剩残块，无法辨识原貌。在这些青铜水禽中，编号为23号的水禽铜鹤造型优美，形态逼真，

▲秦　秦始皇陵青铜鹤

◀ 清　沈铨　《桂鹤图》（局部）

自古人们将"仙鹤朝阳"看作吉祥的象征，此画写桂花、单鹤、水仙、山水等，意境深远、清幽，形象自然生动，是一幅典型的吉祥画作。图中的桂树寓意"富贵"，鹤寓意"长寿"，整幅画面流露着吉祥富贵的气氛。秦始皇痴迷于长生不老，其陪葬品就有青铜鹤，梦想生时长寿、死后成仙。

▲ 秦陵一号铜马车

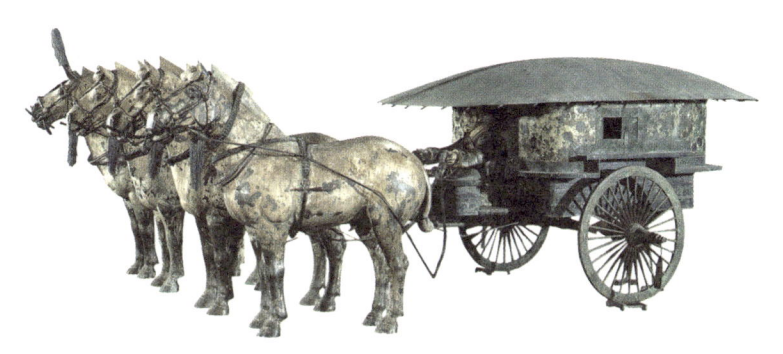

▲ 秦陵二号铜马车

是在秦代考古中首次发现的铜鹤工艺品。

在满是兵戈铁马的秦始皇陵，竟然有这样一处闲适所在。这个陪葬坑究竟是什么用途？它是秦帝国在地下的模拟再现，还是皇宫中普通的禽园？陪葬坑中的一只青铜鹤，给学者们提供了一个新的思考方向。

先进工艺

秦始皇陵青铜鹤通高77.5厘米，通长102厘米；踏板长47.5厘米，宽32.5厘米，厚1厘米。整个铜鹤鹤体高大，造型逼真，栩栩如生，表现的是鹤从水中捉到虫虾后尖喙离开水面的瞬间姿态。铜鹤站立于镂空云纹长方形青铜制踏板上，长曲颈下伸至地面作觅食状，喙中含一铜质虫状物。

如此惟妙惟肖的青铜鹤是一件名副其实的艺术品。

首先，青铜鹤真实再现的完美身姿，每一个细节都一丝不苟。微张的口中叼着小虫（鱼），脖颈自然弯曲，流露出它的线条美；根根羽毛被刻画得细致入微，细长优美的双腿又为鹤体平添几分高雅；其头部至尾巴的倒"S"与竖直的双腿构成了一曲一直的造型，完美地表现了中国古代艺术造型中追求的"曲直"理论。

其次，动静结合是艺术作品里常用的表现手法。站在云纹踏板上的静止造型和仙鹤觅食瞬间动作的完美结合，使青铜鹤"寓动于静"，让人产生丰富联想。

最后，色彩的运用是作品的重要表现方法之一。仙鹤嘴、舌

▲ 秦 青铜器

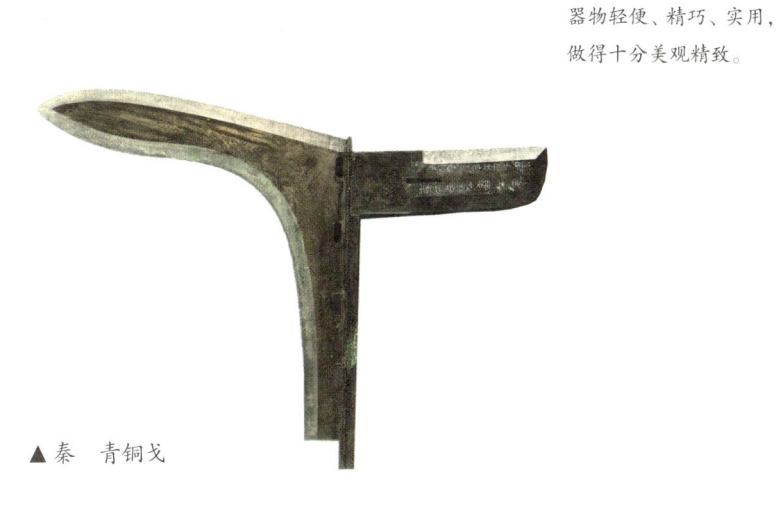

秦朝青铜雕塑较前代有重大突破,大型独立性圆雕层出不穷,雕塑语言简洁畅达,风格质朴大气,生动传神。小型器物轻便、精巧、实用,做得十分美观精致。

▲ 秦 青铜戈

▲ 明　佚名　《帝鉴图说·遣使求仙》插图

秦始皇晚年梦想长生，到处求仙问药，听说蓬莱有仙药，便前往以求长生不老，还派三千童男童女远赴东海为其寻药。

为红色，头顶、脚爪也是红色，其余都是白色，这种形象生动的视觉技法能够激发人们的审美情感。秦代工匠正是通过这一"点睛之笔"，让这件青铜鹤工艺品看上去如此特别。

秦始皇陵青铜鹤的出土使人们对秦代青铜工艺造型装饰特点有了更深的了解，其丰富的造型是生活智慧的体现，具有重大的美学价值。

园林"飞出"的吉祥鸟

鹤有修长的脖颈与腿部，它身姿美丽、优雅，寿命可达60～80年，是长寿的象征。在古人心中，鹤还被赋予了忠贞清正、品德高尚的文化内涵，是中国传统文化中的吉祥鸟。我国古代就有鹤鹿同春、松鹤长春、松鹤延年等吉祥图案。

一些古籍还说，鹤是由天地精气化生的，7岁小变，16岁大变，160岁变止，1600岁定形，定形后的鹤就可驮着仙人直上云霄了。据此，鹤被叫作"仙鹤"，正所谓"羽族之宗长，仙人之骐骥"。

秦始皇是一位痴迷于长生不老的皇帝，他曾派三千童男童女远赴东海寻找长生不老仙药，他本人也经常求山拜海寻觅仙人。秦始皇用青铜鹤作陪葬，大概是想借鹤为舆，腾云升天，以圆生时长寿、死后成仙的美梦。

青铜器里不多见的动物
错金银云纹青铜犀尊

国宝档案

国宝年代： 西汉

规格： 高 34.1 厘米，长 58.1 厘米，重 13.5 千克

出土年代及地点： 1963 年出土于陕西省兴平市吴乡豆马村

收藏场所： 中国国家博物馆

国宝出土

1963 年的一天，陕西省兴平市吴乡豆马村的村民赵振秀来到村子北面的断崖处，打算取点儿土回家用。在挖土的过程中，他突然发现距离地面 1 米深的地方有一个灰色的大陶瓮，瓮内装满了泥土。

出于文物大省人民的直觉，赵振秀小心翼翼地将这个灰色的大陶瓮挖了出来，然后把里面的泥土小心清理出来，发现在泥土中包裹着的竟然是一尊犀牛形状的铜尊！

赵振秀立刻将这两样东西送到了茂陵文管所，经由工作人员转交，最后被送到了国家文物局。

经过专家考证，这件错金银云纹青铜犀尊乃是中国古代十分尊贵的礼器之一，只有庙堂和朝廷宫室才有，一般是不可能存在于民间的。这个错金银云纹青铜犀尊的具体年代，专家们略有争议，但不可否认的是，它的出现不仅展示了当时工艺美术的高超水平，还将几千年前古人眼中常见的犀牛带到了我们的面前！

▼西汉　错金银云纹青铜犀尊

◀ 元　错金银带轮羊尊

此器的造型十分特殊，作双角羊形，下方加铸四轮台座。表面以细致的错银为饰，局部错金，并分布着绿色、赭红色的假锈。从错银脱落处看来，银质部分很浅。本件器物的动物造型与纹饰可能来自商代铜器，但下方附加的四轮则为晚期的想象与创造。

先进工艺

错金银云纹青铜犀尊是非常写实的犀牛造型,它身形肥硕健壮,目视前方,昂首站立。头上有着双角,一前一后,两只耳朵短小耸立,两只眼珠是用料珠镶嵌上去的,虽然小但闪光,看起来一副神采奕奕的模样。

错金银云纹青铜犀尊的颧骨凸起,皮肤起伏高低,好似能感受到其中的骨骼形状和肌肉线条。在它的口部一侧设有管状的流口,用于倒酒。其腹部看起来圆润,但里面却是中空的,腹部皮肉的松弛感和韧性也将犀牛的特点描绘得极为细致。其背部有椭圆形的尊口,上面附有一个素面的铜盖,盖子内部有活环,可以开合,作为倒入美酒之用。犀足为三瓣蹄,粗壮有力的腿支撑着沉重的身体,尾尖稍微翘起。

▲ 明 五彩百鹿尊

此尊造于明代万历时期,尺寸硕大,胎骨厚重,器型端整。釉彩用色缤纷绚丽,纹饰布局满布全身,百鹿寓意百禄,是台北故宫博物院藏五彩瓷器的代表作品。形制规模及装饰纹样十分难得。

这尊青铜犀尊采用先进的错金银工艺，身躯表面布满了精美的错金银云纹。满身的流云上被嵌入了金银丝，仿佛是犀牛身上的毫毛一般，金、银、铜三色交映其上，不但有很强的装饰效果，还将犀牛皮的粗糙厚重表现得极为生动。

纹饰和造型的完美结合，使得错金银云纹青铜犀尊堪称此时期青铜器中难得的佳品！

动物酒器与犀的消失

错金银云纹青铜犀尊是古代的酒器，也是祭祀活动中的重器。这类青铜器经常以各类鸟兽的样子作为造型，工匠通过写实铸造，将其神态生动形象地传达出来。与商代的铸造工艺相比，此时的工匠在艺术写实能力上有了很大的进步。

错金银云纹青铜犀尊是对当

▲ 清　青玉龙凤尊

尊发展到清朝时期，所用材料更为多样，更有观赏性，制作更为精巧，尤其琢玉技术更为精湛。

时犀牛形象的写实铸造。如今，中国犀这种动物已经消失，可是在几千年前，它们却是常常在黄河以南的地区出没的大兽。吴、楚等国家还曾经用坚韧的犀皮制成盔甲，用来装备自己的精兵。也正因为如此，作为重要军需的犀皮需求量非常大，久而久之，随着人们的猎杀，中国犀的数量就越来越少。唐宋时，中国犀就基本在中国境内绝迹了，明清时期的人更是不知其为何物。

不得不说，这就是历史给我们的教训。今天，我们要时刻引以为戒，珍惜和保护大自然，不要让物种灭绝的悲剧重演！

享誉国内外的马中极品
铜奔马

国宝档案

国宝年代： 东汉
规格： 高 34.5 厘米，长 45 厘米，宽 13.1 厘米，重 7.3 千克
出土年代及地点： 1969 年出土于甘肃省武威市雷台汉墓
收藏场所： 甘肃省博物馆

国宝出土

1969 年秋，武威县新鲜人民公社新鲜大队的村民们正在挖防空洞，突然间挖到了一块十分坚硬的石头，村民将浮土层刨开之后发现，这并不是石头，而是一块砖。

在深入挖掘后，村民发现了用砖头砌成的墙体。出于好奇，大家一起将砖墙拆开，这一拆就拆出了一个墓室。大队干部听闻这个消息，就赶快带着马灯和武器进入墓室里面查看。经过检查，发现这是一个古代的墓葬，墓室中放着铜马、铜车。他们把这些殉葬品运到了大队里，放入了库房。

这个消息传开后，由于这些文物有十分重要的价值，它们被国家收藏起来。

在众多出土的陪葬品中，一件罕见的铜奔马被原中国科学院院长郭沫若一眼相中。刚见到的时候他就被铜奔马的造型吸引了，只需一眼，就能感觉到骏马飞奔时的风驰电掣之感，更难得的是这个铜奔马还非常符合力学的平衡原理，因此郭沫若断言这定是一件稀世珍宝。

后来这件铜奔马被带到北京展览，一鸣惊人。

▼ 东汉　雷台汉墓铜奔马
（马踏飞燕）

◀ 明　仇英　《八骏图》

中国古代对马的绘画十分重"神"，此图中马的神态生动，色泽明丽，整幅图生趣盎然。马在古代社会占据着重要地位，逐渐在各种场合中被神化和歌颂，以致车、马作为随葬品陪葬，用来彰显逝者的财富与身份地位。

先进工艺

铜奔马又有马超龙雀、马袭乌鸦、凌云奔马等称呼，作为东汉时期有名的青铜器，它不但身姿矫健俊美，还别有一番风采。马匹昂首嘶鸣，身体健壮结实，四肢修长有力，腿和蹄轻巧，呈现出三组腾空、向前飞驰的态势，一只马蹄还踏在飞燕上，故此又名马踏飞燕。

我们细细观察，这马踏飞燕的铜奔马，前面头顶粗的鬃毛和身后的马尾一致向后面飘飞，圆润结实的身体线条十分流畅，三蹄腾空，唯有右后面的蹄踏着一只展翅飞翔的小鸟，骏马凌空飞跃、急速奔跑的动态之感被展现得淋漓尽致。

运用这种高度写实的方法创作出的青铜工艺品，不但体量更加巨大，而且还为艺术品增加了些许运动感，即便没有做太多的细节，但是其基本形态和动态之势却真实地传递给了每一个观赏它的人。

此外，铜奔马采用鸟形的底座，让其与地面的接触面积变大，鸟的头、翅膀和尾巴呈现伸展的状态，无形中增加了整个青铜器的稳定性。如此精美的设计构思将底座的实用功能和艺术创造结合在一起，实在是独具匠心，不愧是东汉时期青铜工艺的精品之作！

重要价值

作为汉代社会尚马习俗影响下产生的青铜工艺品，铜奔马的文化价值非同一般。

从秦代到汉代，马渐渐成了社会生活中的重要交通工具、军事装备和农业生产畜力，逐渐在各种场合中被神化和歌颂，以致车、马作为随葬品陪葬成了逝者财富与身份地位的象征。

整体看来，铜奔马代表着汉代人英勇豪迈的气概和积极向上的精神面貌，从侧面展示了汉朝的兴盛和强大。

铜奔马自出土之后，于1973年参加了中国古代历史文物出国展，先后在英国和法国等国家展出。1986年，铜奔马被确定为国宝级文物，2002年又被列入"首批禁止出国（境）展览文物目录"，足以表明国家对它的重视。

这件2000多年前的青铜骏马承载的文化意义远比我们想的更加深远，其价值更需要我们去进一步挖掘。

▶ 清　郎世宁　《八骏图》（局部）

此图采用中国传统的颜料来作画，但在马匹、人物和柳树的表现上，却融入了西画注重光影的手法，立体感十足。在中国古代，马具有非常高的地位，是我国人民崇尚奋斗不止、自强不息、进取向上的民族精神的写照，后来的陪葬品多有马的造型，比如东汉时期的铜奔马，造型优美写实，是当时青铜工艺的精品之作。

图书在版编目（CIP）数据

写给青少年的青铜器档案/孙建华著.—成都：天地出版社，2023.6
（写给青少年的国宝档案）
ISBN 978-7-5455-7595-8

Ⅰ.①写⋯ Ⅱ.①孙⋯ Ⅲ.①青铜器（考古）–中国–青少年读物 Ⅳ.①K876.41-49

中国国家版本馆CIP数据核字（2023）第020745号

XIEGEI QINGSHAONIAN DE QINGTONGQI DANG'AN
写给青少年的青铜器档案

出品人	杨　政
作　者	孙建华
责任编辑	杨永龙　孙若琦
责任校对	张思秋
封面设计	尹琳琳
内文排版	马宇飞
责任印制	王学锋

出版发行	天地出版社
	（成都市锦江区三色路238号 邮政编码：610023）
	（北京市方庄芳群园3区3号 邮政编码：100078）
网　址	http://www.tiandiph.com
电子邮箱	tianditg@163.com
经　销	新华文轩出版传媒股份有限公司
印　刷	三河市嘉科万达彩色印刷有限公司
版　次	2023年6月第1版
印　次	2023年6月第1次印刷
开　本	880mm×1230mm 1/32
印　张	3
字　数	65千字
定　价	25.00元
书　号	ISBN 978-7-5455-7595-8

版权所有◆违者必究
咨询电话：（028）86361282（总编室）
购书热线：（010）67693207（营销中心）

如有印装错误，请与本社联系调换。